© 2024, Anderson Cavalcante e Simone Paulino
© 2024, Buzz Editora
Publisher ANDERSON CAVALCANTE
Coordenadora Editorial DIANA SZYLIT
Ediores-assistentes FERNANDA FELIX, LETÍCIA DUARTE,
ÉRIKA TAMASHIRO E NESTOR TURANO JR.
Projeto gráfico ESTÚDIO GRIFO
Assistentes de design LETÍCIA ZANFOLIM, NATHALIA NAVARRO E JÚLIA FRANÇA
Pesquisa iconográfica LETÍCIA DUARTE E LAURA CAMANHO
Revisão PAULA QUEIROZ

*Nesta edição, respeitou-se o novo Acordo Ortográfico
da Língua Portuguesa.*

**Dados Internacionais de Catalogação na Publicação (CIP)
Câmara Brasileira do Livro , SP, Brasil**

Cavalcante, Anderson
Minha mãe, meu mundo /Anderson Cavalcante, Simone Paulino.
São Paulo: Buzz Editora, 2024.
128 pp.

ISBN 978-65-5393-094-0

1. Homenagem 2. Mães 3. Mães e filhos –
Relacionamentos 4. Maternidade I. Paulino, Simone. II. Título.

23-160300   CDD 649.64

Índice para catálogo sistemático:

1. Mães e filhos : Relações familiares : Vida familiar 649.1
Elaborado por Tábata Alves da Silva, CRB 8/9253

Todos os direitos reservados à:
Buzz Editora Ltda.
Av. Paulista, 726, Mezanino
CEP 01310-100, São Paulo, SP
[55 11] 4171 2317
www.buzzeditora.com.br

MINHA MÃE,
meu mundo

*À minha mãe, Toninha, que me deu a vida
e me fez ser quem eu sou.*
– Anderson Cavalcante

Para minha mãe, Alice.
– Simone Paulino

AGRADECIMENTOS

A Deus por nos dar a oportunidade de semear pelo mundo essas mensagens de amor.

A todas as mães que inspiraram a escrita deste livro.

A todos os filhos que reconhecem o valor das mães que têm.

INTRODUÇÃO

Se você algum dia teve a experiência de olhar para sua mãe e sentir um nó na garganta, num misto de amor e gratidão, mas não encontrou as palavras para dar a dimensão do amor que sentia, certamente vai achar neste livro a sua voz.

Escrevemos *Minha mãe, meu mundo* pensando em você, em tudo o que você tantas vezes quis dizer e expressar para sua mãe, mas não encontrou o jeito e o momento propício para simplesmente... falar.

A vida da gente está a cada dia mais corrida. Por causa disso, quase sempre estamos em falta com alguém: as pessoas que não vemos há tempos, o telefonema que não conseguimos retornar, o café que prometemos tomar com aquele amigo e vai deslizando no limbo da agenda de uma semana para outra, e tantas outras coisas... Só que, no fim das contas, dá tudo certo. "Afinal, os outros também estão na correria e vão entender."

Mas mãe... mãe não dá para deixar para depois por uma razão muito simples. Ela, durante toda a vida, nos colocou em primeiro lugar. Fomos

e sempre seremos sua eterna prioridade. Mesmo que você já tenha crescido. Duvida?

Experimente surpreendê-la com uma visita inesperada no meio da semana. Ela é capaz de deixar o jantar queimar de tanta alegria, esquecer da novelinha das seis que lhe faz companhia nas melancólicas tardes cotidianas ou desmarcar imediatamente qualquer eventual compromisso com a melhor amiga só para ficar uma horinha com você.

O objetivo deste livro é lhe dar uma oportunidade de declarar com todas as letras — e imagens inspiradoras — o amor que você sente por aquela que deu a vida a você, nutriu-o, amparou-o e amou mais do que qualquer outra coisa na vida.

DE REPENTE, DE UM LUGAR
BEM QUENTINHO E CONFORTÁVEL,
eu nasci.

VOCÊ ME TROUXE AO MUNDO E ME DEU O BEM MAIS PRECIOSO DE TODOS:

a vida.

QUANDO CHEGUEI AQUI, RECEBI DE VOCÊ TUDO QUE EU PRECISAVA.

O TOQUE DA SUA MÃO
SOBRE O MEU CORPINHO
FRÁGIL E PRECISANDO
DE CALOR.

A BÊNÇÃO DA LUZ
DOS SEUS OLHOS
POUSADOS
SOBRE MIM.

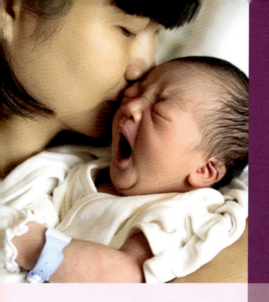

O AMPARO ESSENCIAL PARA APLACAR MINHA ANGÚSTIA DE ESTAR NO MUNDO.

A PAZ E A CALMA TRAZIDAS NAS ETERNAS IDAS E VINDAS DA SUA PRESENÇA CONFORTADORA.

A SUTILEZA DOS SEUS PASSOS LEVES E SEU OLHAR ATENTO A EMBALAR MEU SONO NOS PRIMEIROS DIAS DA MINHA VIDA.

SÓ VOCÊ, MÃE, FOI CAPAZ DE COMPREENDER MEU CHORO QUANDO EU AINDA NÃO CONHECIA AS PALAVRAS.

SE EU PUDESSE RECOMPENSAR UM
POUQUINHO AS INUMERÁVEIS NOITES
EM CLARO QUE VOCÊ PASSOU…

TODA A DEDICAÇÃO NOS DIAS CONSUMIDOS ENTRE FRALDAS, BANHOS E MASSAGENS PARA MINIMIZAR MINHAS CRISES DE CÓLICA.

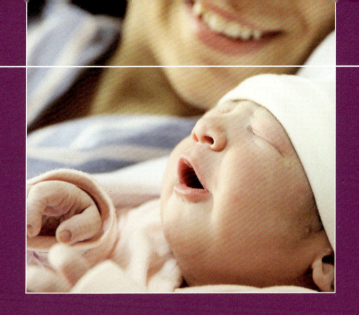

A PACIÊNCIA E A CONSTÂNCIA DO SEU AMOR DESMEDIDO, NAS MÃOS SEMPRE PRONTAS PARA LUTAR CONTRA DOENÇAS TÃO COMUNS.

SEI QUE NESSAS HORAS
UM ÚNICO SORRISO ERA
SUFICIENTE PARA REVIGORAR
AS ENERGIAS E ALEGRAR
SUA ALMA.

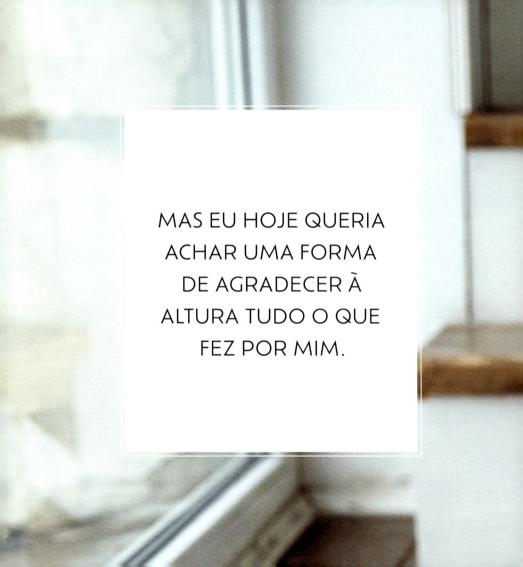

MAS EU HOJE QUERIA ACHAR UMA FORMA DE AGRADECER À ALTURA TUDO O QUE FEZ POR MIM.

E MESMO QUE EU FOSSE CRAQUE EM NÚMEROS, ME PERDERIA NA ARITMÉTICA DESSE AMOR...

QUE MULTIPLICA FORÇAS PARA ATENDER MINHAS URGÊNCIAS, MESMO NO AUGE DA EXAUSTÃO.

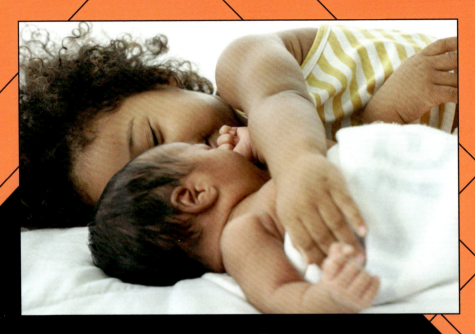

QUE DIVIDE SUA ATENÇÃO SEM DEIXAR QUE NADA ESCAPE AO SEU CORAÇÃO AMOROSO.

QUE SUBTRAI MEUS MEDOS INSPIRANDO-ME CONFIANÇA COM UM SIMPLES OLHAR OU ABRAÇO ACOLHEDOR.

QUE SOMA EM CADA GESTO SINGELO E COTIDIANO UM JEITO DE FAZER COM QUE EU ME SINTA CADA DIA MAIS FORTE.

COMO RETRIBUIR O RISO LARGO
E AFETUOSO QUE ME ENSINOU A ALEGRIA
DE VIVER NAS PRIMEIRAS CANTIGAS
E BRINCADEIRAS?

SEU JEITO ÚNICO AO SOLETRAR COMIGO AS PRIMEIRAS PALAVRAS E A SUA HABILIDADE PARA ME TRADUZIR COMO NINGUÉM.

SUA SABEDORIA AO
ME ENSINAR A REZAR
E A DESCOBRIR NA
ORAÇÃO O ALÍVIO PARA
MINHAS PEQUENAS E
GRANDES DORES.

> QUE OUTROS ABRAÇOS SERÃO TÃO GENEROSOS QUANTO AQUELES QUE ME INCENTIVARAM A ENGATINHAR, ANDAR, CORRER?

MÃE, QUEM MAIS VAI ME TIRAR PARA DANÇAR FORA DE HORA, FAZENDO EXPLODIR EM ALEGRIA AS TARDES COMUNS OU OS DIAS CINZENTOS E TRISTES?

REALIZAR MEUS PEQUENOS DESEJOS
REINVENTANDO RECEITAS:

- A LASANHA SEM QUEIJO.
- O MACARRÃO SEM MOLHO.
- O TOMATE SEM SEMENTE.
- O BOLINHO DE CHUVA SEM CANELA.

QUE OUTRA PESSOA VAI ENCONTRAR BELEZA NOS MEUS PEQUENOS E GRANDES ERROS, CORRIGINDO TUDO COM TERNURA, SEM JAMAIS ME DIMINUIR?

QUEM, ALÉM DE VOCÊ, SABERÁ O MOMENTO EXATO DE DIZER *NÃO* PARA ME PROTEGER DE MIM MESMO?

MAS AOS POUCOS EU CRESCI, MÃE, AINDA QUE PARA VOCÊ EU CONTINUE SENDO A MESMA CRIANÇA.

MAS PRECISEI ATENDER AO
CHAMADO DO MUNDO
LÁ FORA, ENFRENTAR
O AMBIENTE DESCONHECIDO
E TANTAS VEZES HOSTIL.

AINDA BEM QUE
PERCEBI LOGO O SEU
PODER DE ESTAR AO MEU
LADO MESMO QUANDO
ESTAVA LONGE!

SUA CAPACIDADE DE OUVIR NO MEU SILÊNCIO TUDO QUE EU NÃO CONSEGUIA DIZER MESMO GRITANDO.

SUA INTUIÇÃO PARA ADIVINHAR NUM OLHAR AFLIÇÕES E INSEGURANÇAS, ENCONTRANDO SEMPRE A FRASE CERTA PARA DISSIPÁ-LAS.

ÀS VEZES ACHO QUE
VOCÊ SABE MAIS DE MIM
DO QUE EU, CONHECE
MEUS SEGREDOS
MAIS ÍNTIMOS E ATÉ
VERDADES QUE AINDA
VOU DESCOBRIR SOBRE
EU MESMO.

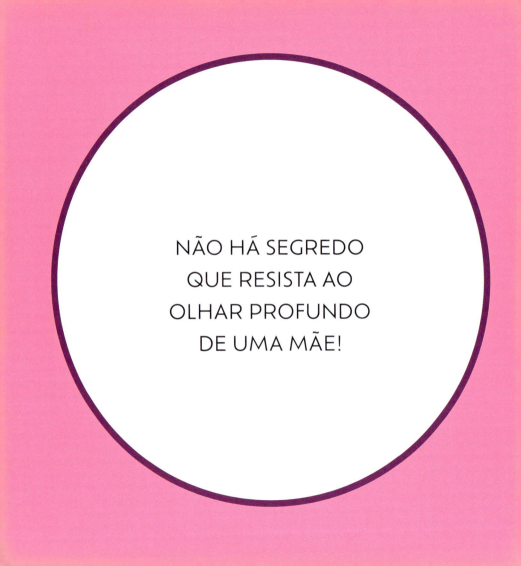

NÃO HÁ SEGREDO QUE RESISTA AO OLHAR PROFUNDO DE UMA MÃE!

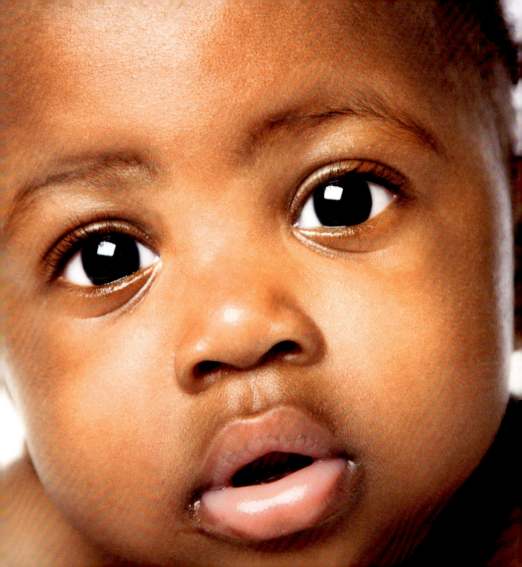

SEI QUE ALGUMAS
VEZES TE DEIXEI
PREOCUPADA.

MAS VOCÊ SOUBE SUPORTAR COM AMOR MEUS ARROGANTES IMPULSOS JUVENIS.

NOS MOMENTOS EM QUE EU ACHAVA QUE VOCÊ ESTAVA ERRADA ERA FREQUENTEMENTE QUANDO VOCÊ TINHA RAZÃO.

QUANTA SABEDORIA EM CADA FALA SIMPLES QUE EU NEM SEMPRE SOUBE RECONHECER!

SE SOUBESSE O QUANTO HAVIA DE TOLO NAS MINHAS MALCRIAÇÕES, EU TERIA TE ABRAÇADO MAIS,

PEDIDO
DESCULPAS
OUTRAS VEZES,
E OUVIDO COM
MAIS ATENÇÃO
SEUS CONSELHOS.

MAS SUA CAPACIDADE
DE PERDOAR SEMPRE
FOI MAIOR.

FOI ASSIM QUE
APRENDI MUITO
DO QUE SOU, MÃE.
OLHANDO E IMITANDO
SEU JEITO EXEMPLAR
DE ESTAR NO MUNDO.

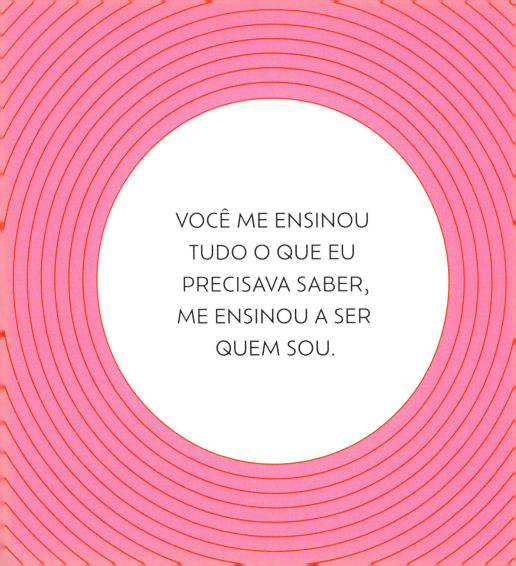

VOCÊ ME ENSINOU TUDO O QUE EU PRECISAVA SABER, ME ENSINOU A SER QUEM SOU.

VOCÊ PLANTOU NO MEU CORAÇÃO TUDO QUE EU PRECISAVA PARA SER...

PUREZA PARA ENXERGAR OS PEQUENOS MILAGRE DIÁRIOS DA VIDA.

CALMA PARA SABOREAR OS MOMENTOS MÁGICOS E DOCES SEM ESVAZIÁ-LOS DE TODO.

CORAGEM PARA SUPORTAR AS PEQUENAS E GRANDES DORES DO MUNDO.

PACIÊNCIA PARA NÃO ME DEBATER EM VÃO CONTRA A VONTADE DO TEMPO.

DESENVOLTURA PARA DANÇAR SEM MUITOS TROPEÇOS OS DIVERSOS RITMOS DA VIDA.

INTELIGÊNCIA
PARA APRENDER
A LER O QUE NÃO
ESTÁ ESCRITO.

PERSEVERANÇA
PARA SUPERAR OS
OBSTÁCULOS TÃO COMUNS
PELO CAMINHO.

PRUDÊNCIA
PARA FAZER AS
ESCOLHAS CERTAS
NOS MOMENTOS
CRÍTICOS.

COMPAIXÃO PARA ME
IRMANAR COM OS OUTROS
QUANDO A VIDA ESTIVER
DIFÍCIL PARA ELES.

HUMILDADE PARA
RESPEITAR MEUS LIMITES E
PEDIR AJUDA NOS MOMENTOS
DIFÍCEIS DA VIDA.

FÉ PARA ACREDITAR QUE, SE EU FIZER O MEU POSSÍVEL, DEUS FARÁ O IMPOSSÍVEL POR MIM.

SIMPLICIDADE PARA ENCONTRAR A BELEZA NOS LUGARES MAIS INESPERADOS.

CRIATIVIDADE PARA ALCANÇAR UMA FELICIDADE POSSÍVEL.

JUSTIÇA PARA RESPEITAR A IGUALDADE E A DIFERENÇA, QUE TORNAM A VIDA TÃO EXTRAORDINÁRIA.

SABEDORIA PARA
ser.

MAS O TEMPO
PASSOU, MÃE,

EU QUERIA TELEFONAR MAIS VEZES, APARECER DE SURPRESA NA SUA CASA NO MEIO DA SEMANA,

MAS, ACREDITE, MESMO DE LONGE E COM A CORRERIA DO DIA A DIA,

VOCÊ ESTÁ
SEMPRE JUNTO
DE MIM.

EMBORA NÃO EXPRESSE
O AMOR QUE SINTO
POR VOCÊ SEMPRE QUE
TENHO VONTADE.

VOCÊ TAMBÉM PODE FAZER PARTE DESTA HISTÓRIA. ESTA PÁGINA É SUA!

Escolha uma foto com sua mãe que represente um momento importante para vocês e cole aqui.

Anderson Cavalcante é escritor, empresário, palestrante, CEO da Buzz Editora e um filho que busca praticar no dia a dia as mensagens expressas aqui.

Simone Paulino é jornalista, escritora, editora, mestra em Teoria Literária e Literatura Comparada, fundadora da Editora Nós e mãe de Gabriel e Manuela.

CRÉDITOS DAS IMAGENS

Adobe Stock: Valua Vitaly: p. 17 | elista: p. 23 | Louis-Photo: p.25 | vladdeep: p. 51 | АНДРЕЙ ЖУРАВЛЕВ: p. 66 | takayuki: p. 79 | Beaunitta VW/peopleimages.com: pp. 114-115 | Iryna: pp. 116-117

Istock by Getty Images: fotostorm: pp. 12-13 | AleMoraes244: p. 15 | FamVeld: p. 21 | Handemandaci: p. 27 | PeopleImages: p. 28, 61 e pp. 122-123 | Maria Levkina: pp. 32-33 | cokada: p. 37 | Tom Merton: p. 41 | YakobchukOlena: p. 44 e pp. 62-63 | LSOphoto: p. 50 | typhoonski: p. 53 | eaniton: p.59 | AntonioGuillem: pp. 68- 69 | wagnerokasaki: p. 72 | IvanJekic: p. 82 | Olga Evtushkova: p. 83 | JoenStock: p. 85 | Dobrila Vignjevic: p. 96 | milorad kravic: p. 97 | AJ_Watt: pp. 98-99 | Eleonora_os: p. 103 | ArtMarie: p. 104 | ozgurcankaya: pp. 112-113

Shutterstock: Natalia Hirshfeld: p. 14 | Olena Andreychuk: p. 18 | mikumistock: p. 19 | FamVeld: p. 20 | Prostock-studio: p. 22 | spass: p. 26 | Julia Zavalishina: pp. 30-31 | ESB Basic: p. 34 | Josep Suria: p. 35 | mae_chaba: p. 36 | Inara Prusakova: pp. 38-39 | MIA Studio: p. 40 | New Africa: pp. 42-43 | Golden Pixels LLC: p. 45 | CroMary: pp. 46-47 | Sk Elena: p. 48 | Rohappy: p. 52 | Pixel-Shot: p. 54 | Svetlana Larina: p. 55 | Leka Sergeeva: p. 56 | UfaBizPhoto: p. 60 | Paul Hakimata Photography: p. 65 | Volodymyr TVERDOKHLIB: p. 67 | Mcimage: p. 70 | A3pfamily: p.71 | Petrenko Andriy: p.73 | tartanparty: p. 75 | RozochkaIvn: p. 77 | LeManna: pp. 80-81 | SabOlga: p. 82 | Eliane Haykal: p. 84 | Tomsickova Tatyana: p. 86 | KPG-Payless: p. 87 | Chirtsova Natalia: pp. 88-89 | Tatevosian Yana: p. 90 | Apirakthanakorn: p. 91 | Anna Nass: p. 92 | Waridsara_HappyChildren: pp. 94-95 | Yuliya Evstratenko: pp. 100-101 | TravnikovStudio: p. 102 | Sabphoto: p. 105 | wavebreakmedia: pp. 106-107 | Yuganov Konstantin: pp. 108-109 | Sushitsky Sergey: pp. 110-111 | fizkes: p. 118 | Zwiebackesser: pp. 120- 121

FONTES Antwerp, Ofelia, Ms Madi
PAPEL Couchê brilho 115 g/m²
IMPRESSÃO Ipsis